LADY TEMPESTADE

LADY TEMPESTADE

Sílvia Gomez

Cobogó

COLEÇÃO
DRAMA-
TURGIA

Sumário

Lady Tempestade: uma mulher contra a barbárie
por Samarone Lima   9

Quando um diário esconde um segredo
maior do que todos os segredos que esconde:
o desejo de ser encontrado
por Sílvia Gomez   15

LADY TEMPESTADE   17

Fontes de pesquisa   85

*Dedico este texto a cinco mulheres
extraordinárias furiosas amorosas:
Yara de Novaes.
Andrea Beltrão.
Valencia Losada.
Verônica Prates.
Mércia Albuquerque, a nossa Lady Tempestade.*

*E à memória das pessoas defendidas por Mércia
e que se fazem presentes nesta dramaturgia.*

Lady Tempestade: uma mulher contra a barbárie

No dia 2 de abril de 1964, a professora primária Mércia Albuquerque tinha acabado de dar aula para crianças de uma escola pública do Recife, num dos muitos morros da Zona Norte.

Não por acaso, caminhava pela avenida 17 de Agosto, perto da Praça de Casa Forte, projetada pelo paisagista Burle Marx, quando esbarrou em uma cena que mudaria sua vida e a de centenas de pessoas.

Em plena avenida, ao sol do meio-dia do Recife, avistou um jipe, com um general fardado, puxando um homem debilitado, ferido, vestido apenas com um calção, sendo arrastado, com uma corda no pescoço. Uma multidão olhava a cena, em silêncio.

O general comemorava a vitória do golpe militar, realizado com sucesso, no dia anterior. Comemorava torturando, em cima de um jipe do Exército.

Os pés do homem sangravam. Ele estava sendo levado de volta para o quartel, onde sofrera as torturas iniciais.

Mércia sabia quem era aquele homem: Gregório Bezerra era um comunista respeitado, que participara, como deputado federal por Pernambuco, da Constituinte de 1946. Estava com 64 anos.

Ela voltou para casa chorando. Estava com 29 anos e iniciara sua vida de advogada um ano antes. Chorava de indignação e raiva. Não só pelas cenas medonhas, mas pela letargia das pessoas. Ninguém fazia nada para deter aquela barbárie. Pior. Ninguém falava nada. A inércia da população recifense foi como um espelho. Ela também não disse uma palavra. Ao chegar em casa, avisou ao marido, Octávio: "Vou defender Gregório Bezerra. E quem mais precisar de mim."

No dia seguinte, Mércia foi à Casa de Detenção do Recife e disse que precisava falar com Gregório Bezerra, que a recebeu por trás das grades, com as marcas das torturas. Ela foi direto ao assunto: "Meu nome é Mércia Albuquerque. O senhor me aceita como sua advogada assistente? Só vou lhe defender se o senhor me der permissão."

Gregório deve ter se impressionado com a ousadia daquela mulher de 29 anos, miúda, de olhos faiscantes e sem meias palavras. Aceitou na hora.

Era impossível detê-la quando tomava uma decisão.

As crianças do Recife perderam uma professora dedicada e amorosa, de cintilantes olhos azuis, e uma legião de presos políticos que abarrotava as delegacias do Recife ganhou uma defensora que parecia imune ao medo.

Talvez nem ela soubesse ainda que uma força vulcânica a habitava. E que estava mergulhando numa tempestade que duraria 21 anos. Defendeu mais de quinhentos presos, amparou familiares e criou uma rede paralela de comunicação, ajudando a salvar muitas vidas.

A ditadura tentou detê-la de todas as formas. Foi presa 12 vezes, sempre escutando ameaças. Chegou a passar quatro horas dentro de uma viatura, vendada, com um revólver na cabeça, escutando barbáries. Decidiu que não iria baixar a cabeça um segundo sequer. Sobreviveu.

Ela chamava os torturadores e delegados de "gafanhotos". Os "gafanhotos" não sabiam de um segredo: Mércia Albuquerque era também a "Lady Tempestade".

A dramaturgia de Sílvia Gomez

> "Essas coisas aconteceram acontecem acontecerão."

Lady Tempestade não se propõe a fazer a reprodução literal da vida de uma advogada que lutou, de forma incansável e solitária, contra uma feroz máquina repressiva, durante mais de duas décadas. É uma ficção, um diálogo livre com diversas fontes.

As escolhas dramatúrgicas nos levam a uma experiência teatral intensa, arrebatadora.

A escolha de ficcionalizar, de fazer um diálogo livre com as diversas fontes "mercianas", teve um impacto: a revelação de uma força extraordinária, a luta solitária, angustiante, aterradora, de uma mulher contra uma máquina obcecada por tortura e morte.

Mércia deixou rastros de memórias em dezenas, centenas de pessoas, que nunca foram escutadas. A dramaturgia foi em busca dessas memórias. Encontrou dissertações de mestrado e teses de doutorado, algumas notícias de jornais, duas fitas de uma entrevista que realizei em seu apartamento, em 1993, e a recente publicação de seus diários, referentes aos anos de 1973 e 1974.

Sílvia caminhou pelas estradas de Mércia em busca de memórias, mas precisava contar de uma forma livre, sem amarras, como Mércia certamente gostaria. E conseguiu.

No palco, vemos essa alagoana com olhos de águia, radicada no Recife, amante do frevo, incapaz de recuar um passo diante dos "gafanhotos". O texto nos mostra a alma de um turbilhão.

A peça inicia a segunda temporada com o país perplexo. Uma nova trama golpista foi revelada pela Polícia Federal. Por muito pouco não assistimos a um novo e brutal golpe de Estado, comandado por militares.

Levar *Lady* aos palcos e publicar sua dramaturgia fortalece a luta pela democracia e nos emociona, por saber que sempre haverá alguém, mesmo nos momentos mais sombrios, que vai construir uma barricada solitária contra a tirania.

Dessas pessoas não podemos esquecer.

Essas coisas não podem mais acontecer.

Breve recordação de Mércia

Tive a sorte de conhecer Mércia Albuquerque em 1993, quando pesquisava sobre o assassinato de José Carlos Novais da Mata Machado no Recife, em 1973. Foram duas longas entrevistas, em dezembro de 1993. O que ela me contava era quase inacreditável. Seu apartamento tinha um quarto apenas para os documentos que ela produziu durante a ditadura para salvar pessoas. Cada papel daqueles parecia ser referente a uma vida.

No lançamento do meu livro, *Zé*, em 1998, no Recife, ela estava lá, orgulhosa. Saiu com três exemplares e um sorriso especial, uma alegria, talvez, por ter sido lembrada. Não nos vimos mais. Ela faleceu em 2003, mas sabemos que ainda está aqui.

Samarone Lima
Prosador e poeta, autor de *Zé - José Carlos Novais Da Mata Machado. Uma reportagem* (Mazza Edições, 1998).

Quando um diário esconde um segredo maior do que todos os segredos que esconde: o desejo de ser encontrado[1]

Não sei se já aconteceu com você, mas, às vezes, digitando uma mensagem no telefone, escrevo a palavra "MÃE" e encontro outra: "MAR". Eu sei que é porque a letra "R" fica ao lado da letra "E" naquele minúsculo teclado digital, mas isso sempre me surpreende. No dia 6 de setembro de 1973, numa folha de diário, Mércia Albuquerque (1934-2003), nossa Lady Tempestade, anotou:

"[...] e mentir a uma mãe eu não minto, prefiro ficar em silêncio."

Nesse coração do mundo que é o coração de uma MÃE, nesse MAR silencioso, foram escritas muitas das palavras de Mércia, uma das maiores defensoras de presos políticos no Brasil durante a ditadura civil-militar. Esta é uma peça sobre ela,

---

1. Texto extraído do programa da peça por ocasião da estreia de sua primeira temporada, em 4 de janeiro de 2024, assim como os textos de orelha e quarta capa, respectivamente assinados por Andrea Beltrão e Yara de Novaes.

mas não se trata de sua biografia ou da reprodução literal de sua vida, e sim de uma invenção, uma ficção tendo como material principal o diálogo livre com os diários redigidos por ela.

Uma dramaturgia pensada para Andrea Beltrão e Yara de Novaes, duas mulheres grandes demais, fortes, furiosas de talento e inteligência, plenas de seu ofício. Indefinível presente do Teatro vê-las em ação, tempestades como nossa Lady, que, no dia 27 de outubro de 1974, anotou: "Mamãe sempre ajudou aos filhos e educou a todos; mulher terna e acomodada, totalmente diferente de mim. Enquanto sou tempestade, ela é bonança."

Não é nenhuma bonança, no entanto, encarar nossa História no diário de Mércia, essas folhas escritas a caneta que desejaram ser encontradas mais de meio século depois e adiante. Foi do fundo de um grande coração que elas falaram. Como a concha que levamos junto ao ouvido para escutar em segredo a voz do MAR.

Sílvia Gomez

LADY TEMPESTADE

de Sílvia Gomez

Lady Tempestade estreou no dia 4 de janeiro de 2024 no Teatro Poeira, Botafogo, Rio de Janeiro.

Com
Andrea Beltrão

Direção
Yara de Novaes

Dramaturgia
Sílvia Gomez

Cenografia
Dina Salem Levy

Desenho de luz
Sarah Salgado e Ricardo Vívian

Figurinos
Marie Salles

Criação e operação de trilha sonora
Chico Beltrão

Desenho de som
Arthur Ferreira

Assistente de direção
Murillo Basso

Assistente de cenografia
Alice Cruz

Assistentes de som
Caniggia e João Mattos

Operador de luz
Walace Furtado

Contrarregra
Nivaldo Vieira

Cenotécnico
Riquinho

Produção de figurinos
Fernando Átila

Camareira
Conceição Telles

Costureiras
Marki Aragão e Lita Assis

Fotografia
Nana Moraes

Fotografia de cena
Nana Moraes e Felipe Ovelha

Projeto gráfico
Fabio Arruda e Rodrigo Bleque – Cubículo

Assessoria de comunicação
Vanessa Cardoso – Factoria Comunicação

Assessoria de imprensa
Daniella Cavalcanti

Comunicação digital
Bruna Paulin – Assessoria de Flor em Flor

Administração do perfil @andreabeltrao.oficial
Rosa Beltrão

Produção
Quintal Produções

Diretora geral
Verônica Prates

Coordenadora de projetos
Valencia Losada

Produtora executiva
Camila Camuso

Realização
Boa vida e Quintal Produções

Personagens

Um relato em uma única voz. Ou duas. Ou muitas. Ou muitas em uma única.

A.: Atriz
M.: Mércia Albuquerque
F.: Filho de A.
R.: Um homem misterioso

"[...] e mentir a uma mãe eu não minto,
prefiro ficar em silêncio."
Mércia Albuquerque

Todo diário esconde um segredo maior do que todos os segredos que esconde: o desejo de ser encontrado.

Uma peça teatral sobre Mércia Albuquerque,[1] advogada que viveu em Recife, Pernambuco, uma das maiores defensoras de presos políticos no Brasil durante a ditadura civil-militar instaurada em 1964. Não se trata de sua biografia ou da reprodução literal de sua vida, mas de uma invenção, uma ficção tendo como material principal o diálogo livre com os diários escritos por ela sobretudo nos anos de 1973 e 74, publicados em 2023 pela Editora Potiguariana.

Uma peça-DJ, discotecagem-colagem absurda de passado e presente, realidade e ficção, narrativa hacker-pirata-restauradora.

Faixas de pedestres com placas: "Devagar. Crianças voltando da escola." Portas com olho mágico. Telefones dos anos 1960 com o hábito de tocar de madrugada, folhas e arquivos amontoados entre xicrinhas de café vencido, estranhas falésias e bolinhas de naftalina que parecem deliciosas balas de açúcar, mas não são. A naftalina pertence ao grupo dos hidrocarbonetos não ramificados e tem propriedade repelente e inseticida. Facilmente evapora.

---

1. Nota da autora. Alguns trechos desta peça, diagramados em **negrito**, são originais de Mércia Albuquerque, referidos nas Fontes de pesquisa. Em algumas ocasiões, eles foram editados para melhor se adequarem ao fluxo da dramaturgia.

ATO I

0.

A.:
As pessoas que contam histórias nem sempre contam histórias porque amam contar histórias. Às vezes, as pessoas contam histórias porque precisam entender as histórias que contam, decifrar as palavras rasuradas semidesaparecidas por baixo das letras dentro de bilhetes que precisarão ser queimados depois de lidos.
Porque o passado, mesmo quando é bem conservado, bem guardado com bolinhas de naftalina — aquelas bolinhas brancas que dão vontade de comer como bolinhas deliciosas de açúcar—, enfim, o passado é cheio de fantasmas.

Ela tem vontade de comer bolinhas de naftalina, mas resiste.

A.:
A naftalina é uma substância que tem um poder muito louco: a sublimação. Sublimação é quando uma coisa é capaz de passar diretamente do estado sólido para o estado gasoso, vapor. Pragas,

vermes, traças, tubarões, crocodilos, gafanhotos, necrófilos, canalhas e sádicos têm horror a naftalina, que é um hidrocarboneto não ramificado, como eles dizem. Eu diria mais ainda: o gafanhoto do tipo asqueroso tem aversão a naftalina, que é uma estrutura química formada por dois anéis benzênicos, como eles dizem. E é por causa desses dois anéis benzênicos que a naftalina é considerada um composto aromático. Eu acho fascinante isso: um lance aromático que é, ao mesmo tempo, repelente.

Sensual.

Sintomas da intoxicação por naftalina: dores de cabeça, lesão no fígado e nos rins, irritação dos olhos, da pele e dos pulmões, confusão mental.

Mas o que eu queria dizer é que às vezes as pessoas contam histórias para entender a História.

Esta é a (H)história:

1.

A.:
[*diz a data da apresentação*] A história de um diário que recebi numa madrugada de um certo. Hum... Tá. Vou chamá-lo de R. — e a gente diz assim mesmo: "érre-ponto". Eu sou a A. [*fala "a-ponto"*] Ali, F. [*fala "éfe-ponto"*] etc.
A história de um diário que recebi de um certo R. Ou melhor, a história do diário de um diário. (Eu adoro falar isso: "o diário de um diário de um diário...")
[*pede à pessoa do som*] F., prepara o eco para mim? Como se o tempo e os acontecimentos neste país fossem uma infinita repetição de passado, presente e futuro diante de uma grande falésia.
[*em eco*] O diário de um diário de um diário de um diário de um diário...
[*ao som*] Era por aí mesmo.

Estranho silêncio.

A.:
As falésias são formações rochosas, instáveis, íngremes, belas e terríveis diante do mar. Erosão rochosa, como eles dizem. Sensual.
Para os cientistas, uma falésia é uma espécie de livro, pois você pode ler nas camadas da rocha o processo lento da nossa própria corrosão.
Talvez uma falésia seja uma espécie de diário escrito pelo mar.

Eu acho.
Quando eu recebi aquele diário escrito há mais de meio século, duas coisas começaram a acontecer. A primeira, bem estranha: alguma coisa crescendo por aqui, não sei aonde vai dar, uma pequena falésia.

Mostra a pequena falésia invisível em seu corpo.

A.:
A outra coisa é que eu comecei a escrever outro diário. O diário de um diário. Eu escrevi diários na juventude, mas queimei todos eles. Porque eu anotei coisas que eu não queria que ninguém lesse, coisas que eu queria esquecer. Eu acho.

Estranho silêncio.

A.:
Porque esquecer é muito bom. Esquecer é ótimo. O esquecimento é um tesão, um boy lixo cheio de dedos entrando comendo mastigando fodendo. AH, ESQUECIMENTO, FODE COMIGO.
Desculpem.
Tá bom.
Mas não é estranho que as coisas que eu mais desejei esquecer sejam as coisas que eu jamais consegui esquecer? Mesmo que rabiscadas rasuradas semidesaparecidas? Eu não queria ter recebido aquele diário, mas agora que eu recebi não dá mais para fingir que eu não li o que eu li ou fingir que esqueci.

Mostra a pequena falésia em seu corpo.

A.:
Foi numa madrugada de uma tempestade com estranhos clarões que eu recebi a primeira ligação sobre Mércia.

2.

O telefone toca em uma madrugada estranha do presente.

A.:
Alô? Eu não conhecia a advogada Mércia Albuquerque, mas, um dia, este homem que estou chamando de R. me ligou e disse:
A.?
Pois não? Eu respondi. Eu gosto muito da expressão "pois não".
Tenho uma coisa para você.
Pois não?
Você receberá pelo correio em até três dias.
Pensei em desligar, mas fiz outra coisa. Precisa do meu endereço?
Não preciso. Já está a caminho.
Como você sabe o meu endereço? [*silêncio*] Alô? Pois não?
Pois não?
Ele também usava a expressão "pois não", e isso me fez gostar dele. São 3h07 da manhã. Por que você não me ligou durante o dia?
A., eu faço parte de um grupo que trabalha para salvar coisas que parecem estar desaparecidas, mas não estão. E porque é na madrugada que a gente consegue ouvir as coisas semidesaparecidas. E eu sabia que você estaria acordada para ouvir, ele disse.
Ok, eu disse.
Ok, ele disse.
Foi estranho.

Ela vai até a porta e observa pelo olho mágico.

3.

O telefone toca em uma madrugada estranha do passado: 15 de junho de 1965.

M.:
Mércia, ele dirá.
Pois não, eu direi.
Sou eu, Boris.
Ah, Boris! Pois não.
Desculpe te acordar.
Seja direto, Boris. São os gafanhotos, não são? Eu direi.
Uma ordem de prisão. Devem estar chegando.
Alguma recomendação?
Naftalina neles, Mércia, ele dirá.
Boris, estou sozinha com o bebê, eu direi, mas ele já terá desligado, e imediatamente **baterão na porta...**

Ela vai até a porta e observa pelo olho mágico.

M.:
... quatro homens, um filho do dono da padaria ali, no bairro Santo Antônio. Eu te conheço, menino, o que está fazendo, eu pensarei, mas não direi.
É a polícia, senhora Mércia, nos acompanhe, senhora Mércia Albuquerque.
E eu tenho lá cara de senhora, garoto? Eu pensarei, mas não direi. Eu conheço a sua família, garoto, eu pensarei, mas também não direi porque, àquela altura — 15 de junho de 1965 —,

eu já saberei lidar com alguns tipos de gafanhotos, necrófilos, canalhas e sádicos. Tente não tocar neles, mesmo que estendam a mão para te cumprimentar, pois eles **fedem e há homens que nos contaminam com o seu fedor.**
A senhora terá de nos acompanhar.
Pois não, gafanhoto, eu direi.
O que a senhora disse?
Ah, desculpe, eu quis dizer "pois não", foi o que eu disse. Me dá um minutinho, **vou me trocar.**
Nos primeiros anos, ainda será possível pedir um minutinho. Depois, não sei, no dia 20 de setembro de 1973, por exemplo, **Dionary, quintanista de Direito, terá a casa invadida por agentes**-gafanhotos. **Ela estará de camisola e terá que se trocar na frente dos agentes. As crianças gritarão apavoradas e ela será arrastada para um Opala que desaparecerá na escuridão.**

Um carro Opala desaparece na escuridão. Estranho silêncio.

M.:
Essas coisas aconteceram acontecem acontecerão.

Estranho silêncio.

M.:
Eu não terei muito tempo, vocês sabem, gafanhotos no meu cangote.
Farei um bilhete para a minha vizinha de apartamento, **Dona Pepé, mãe de Ivo, colocarei numa garrafa e descerei** em um

barbante **pela varanda** pedindo para ela olhar **meu filho recém-
-nascido.**

Ela escreve em algum lugar:

"Dona Pepé, os gafanhotos vieram, o bebê está sozinho em casa.
Tirei os lençóis do berço para evitar que ele sufoque. *Depois de
ler, queime este bilhete."*

M.:
Conhecerei canalhas e sádicos, mas também mulheres como
Dona Pepé, **a velhinha mais bonita de físico e de espírito.** Sairei com uma coisa acontecendo por aqui, assim...

Mostra a falésia invisível no corpo.

4.

M.:
Serei levada para a Secretaria de Segurança Pública. Não, eu vou chamar de antessala do inferno, três dias de prisão. Você não esquece nenhuma vez em que vai presa, mas algumas... Vou te contar uma coisa.

Estranho silêncio.

M.:
Meu bebê ficará sozinho em casa. Não se meta com o bebê dormindo no berço.

Estranho silêncio.

M.:
O Dr. Gafanhoto Número 8 é quem vai mandar me prender. Vou dar números a eles porque são muitos e se multiplicam. Muito bem. O Dr. Gafanhoto Número 8 gostará de espancar. **Um homem feio, horrível. Não dessas feiuras que comovem,** mas **sim dessas feiuras que doem como unha encravada em sapato de verniz em dia de verão.** Depois de três dias na prisão, ele dirá:
Pode ir para casa. Crie juízo, vou falar com a sua família para interditar a senhora.
Chegarei em casa, meu bebê estará a salvo.

Eu acho que é aqui que vou começar a desejar este diário. Eu gostaria de escrever poesias. Porque **o poeta vê diferente e diz como vê. Eu não sou poeta.** Mas gostaria de ser. Talvez, daqui a uns 60 anos, mais ou menos, ou, sei lá, talvez em um novo século, uma mulher como eu receba este diário numa madrugada estranha.

Mostra a falésia no corpo.

M.:
Talvez a sua porta de entrada tenha também um olho mágico. Talvez ela leia isto que eu vou escrever agora:

Ela escreve em algum lugar:
"Às vezes as coisas te procuram de madrugada e você é o tipo de pessoa que está acordada para atender à porta."

5.

A.:
Chegou esta encomenda para você, meu filho disse.
Os olhos do meu filho. São os mesmos olhos que eu vigiava no berço. Alguma coisa entre a gente atravessa presente, passado, futuro.
Código do Sedex JN845043714BR. Remetente: R.
"Cara A., espero que esta carta lhe encontre bem. Estes são os diários da advogada Mércia Albuquerque, que viveu em Recife, uma das maiores defensoras de presos políticos, a maior do Nordeste. Estas páginas foram escritas principalmente entre 1973 e 1974. Você verá que algumas partes estão rasuradas. Não sabemos por quê. Nem por quem. Esse assunto te interessa? Atenciosamente, R."

Ela vai até a porta e observa pelo olho mágico.

A.:
Você vai abrir agora? Meu filho disse.
Sim, eu disse.
Abra, ele disse.
Não, eu disse.
Por que não?
Não sei.
Tudo bem.
Ok, eu disse, mas não confessei que não tinha coragem porque eu sabia que
ler o diário de Mércia
me transformaria
de alguma maneira
em outra pessoa.

6.

M.:
As pessoas nem sempre fazem diários porque amam fazer diários. Às vezes, as pessoas fazem diários porque precisam esconder palavras como quem esconde outra pessoa correndo risco de morte. Como se essa outra pessoa fosse você também, clandestina. Eu vou virar outra pessoa no dia 2 de abril de 1964, o dia em que assistirei ao velho Gregório Bezerra ser amarrado em um jipe e arrastado pelas ruas do bairro de Casa Forte, Recife. Uma da tarde. A hora em que as crianças voltam da escola. Gregório terá os cabelos arrancados com alicate e os pés queimados com solução de bateria — sim, bateria de automóvel, 70% água e 30% ácido sulfúrico. **Quando o velho Gregório** cambalear e abrir **os braços para manter o equilíbrio,** vai receber **coices de fuzil**.
Eu **não gosto de falar disso**, não.
Desculpe.
Nesse dia, eu vou chegar em casa e dizer a Octávio: Octávio, vou defender Gregório Bezerra e quem mais precisar de mim. Se você me apoiar, viveremos juntos até o último dia, se não, a gente se desquita.

Ela escreve em algum lugar:

*"Minha cara, Octávio ficou do meu lado. Ele **é um companheiro companheiro**."*

7.

A.:
O telefone tocava todas as madrugadas, mas eu parei de atender.
Eu queria fingir que aquilo não era comigo, que eu nunca tinha recebido a ligação de R., ah, eu não tenho nada com isso, deixe esse diário de Mércia como está, semidesaparecido, e pronto.
Coloquei o pacote no gavetão da cômoda que tinha sido do quarto de meu filho quando bebê, cheio de bolinhas de naftalina.
E o telefone tocando.
Eu passava pela cômoda várias vezes por dia e o diário sempre me dava uma olhadinha.
Acho que um dia até assobiou.
Eu juro.
E aí,
então,
o diário começou a falar.

8.

M.:
Você está aí? Você está lendo?

Dia 28 de abril de 1969. Aproximadamente às 22h, no ponto **de ônibus da Ponte da Torre, Cândido, com 21 anos, que cursava o 4º ano de Engenharia, foi alvejado com dois tiros, um na face, que atingiu a medula, [...] e outro no ombro. [...] Dona Elimar me avisou pessoalmente** e, no dia seguinte, **às 6h30** da manhã, eu estava no hospital. Percebi que **pessoas estranhas rondavam o quarto de Cândido [...]. Fiquei tão assustada que, sempre que ia visitá-lo, ia armada.**

16 de janeiro de 1973. O pai de um rapaz **me procurou aflito pois está sem notícias do filho há dias. [...] Não sei se é de direita ou de esquerda. [...] Tenho sofrido muitas críticas porque o defendo.** É um rapaz jovem, **é pessoa, sobretudo jovem, e aquela pessoa que sempre foi considerada coisa, ninguém se preocupou** com ele.

18 de janeiro de 1973. Li com amargura a notícia do assassinato de José. [...] Eu o conheci por um amigo, um garotão alegre, muito terno, e como sou uma boa ouvinte, quando me dei conta já era de **madrugada, e tinha dentro de mim toda a** amargura **daquele adolescente, órfão de mãe, abandonado pelo pai. Um ano mais tarde, me aparece em um processo; [...] e o jornal estampava sua fotografia. Ele me procurou em pânico, temia torturas [...]. Passei a ajudá-lo e a tentar uma saída, até que um dia, em maio de 1972, ele me pediu certa quantia e me disse adeus. [...] "Galega, se algum dia Isolda lhe procurar, ajude-a porque ela é tão só quanto eu." Não quis**

saber para onde ia. Defendi-o no processo 33/71, consegui absolvê-lo [...]. Me arrependi, pois ele não teria morrido se estivesse preso.

Estranha pausa.

M.:
Meu filho me surpreendeu de madrugada.
Mamãe, ele disse.
Filho, o que está fazendo acordado? Eu disse.
Mamãe, o pior bicho é o bicho homem.

Estranha pausa.

M.:
Primeiro de março de 1973. Posto em liberdade o mecânico Heráclito. Este homem foi torturadíssimo, estava totalmente inchado. Consegui libertá-lo. O inquérito foi arquivado. Creio que não vai viver mais um ano. Senti uma imensa tranquilidade quando o vi partir para a família [...]

Estranha pausa.

M.:
09 março. Preso Dr. Jacób [...]. **Sofreu torturas de diversos tipos. Choque elétrico, pontapés, pau de arara, telefone, queimadura de cigarros, fome, ameaça de morte, afogamento até a quase asfixia.**

Desculpem.
Sinto que **os componentes** do inferno **são portadores de "síndrome de deterioração". Homens [...] que vibram com a morte [...]. Explicam os atos anormais como amor à pátria. Quem ama constrói, amor é vida, amor verdadeiro. Esses elementos são necrófilos, amam a morte. [...] Eu os conheço e sempre sinto vontade de vomitar quando os encontro porque estão úmidos de sangue.**

Estranha pausa.

M.:
Mamãe, o pior bicho é o bicho homem.

Estranha pausa.

M.:
28 de março. Mamãe me escreveu preocupada com a minha saúde. Essa velha é uma joia, conseguiu superar todas as feiuras da vida com uma coragem espetacular. [...]
Tenho presenciado tantas violências que me pergunto se é válido permanecer entre a minha espécie. [...]
Adoro ouvir Beethoven, principalmente a Sinfonia nº 9 [...].
Meu filho **gosta de me perturbar quando escuto música,** mas ele pode **abusar, pois tenho me doado tanto aos filhos dos outros que falto ao meu.**

30 de abril de 1973. Poesia número 3. [...]
Eu vi seis mortos,

Que me causam angústia
Todos ultrajados,
Além de baleados
Estavam torturados
E dois deles enforcados
Olho a noite
E olho o céu
Procuro Deus e não encontro
Volto, deito-me chorando
Mas de repente reajo
Penso nos mortos com respeito
Amo os mortos, todos os seis
E o sono chega ligeiro.

Ela escreve em algum lugar:
"Escala de valores:
1º Octávio – Nosso filho – Mamãe (pessoas)
2º Elas, eles
3º Arte – Música, pintura, escultura, balé
4º Leitura
5º Teatro
6º Cinema
7º ....

Escreve algo de forma ilegível e depois rasura.

9.

A.:
Eu encontrei vários trechos riscados no diário de Mércia, como R. avisou. Surpreendi meu filho tentando decifrar os fantasmas, quer dizer, as rasuras. Eu também fiquei obcecada por elas, e quanto mais tentava, mais elas se mexiam.
Eu acho que as palavras e as coisas... Elas respiram, como nós.
O diário de Mércia amava e se decepcionava e odiava e dormia e nos acordava quando acordava de madrugada para ir ao banheiro.
Às vezes, dava para ouvir que ele chorava baixinho lá dentro.

10.

M.:
Jamais vou me esquecer do olhar de Dona Rosália. **No dia 08 de janeiro de 1973, o filho dela será preso** no trabalho. [...]
Doutora, por favor, ache meu filho antes que seja morto, ela dirá e, **depois de implorar,** vai desmaiar **várias vezes.**
Eu prometo, Rosália, encontrarei seu rapaz.
Janeiro começará assim e, logo, 1973 será um ano terrível. **As prisões** serão violentas. Quando chegar setembro e as ruas de Recife estiverem cheias das flores rosadas das árvores de jambo, eu estarei péssima de saúde, **recebendo diagnósticos desencontrados.** As mães me procurando e aquela coisa estranha crescendo por aqui...

Mostra a falésia invisível.

M.:
Uma velha amiga muito sincera vai me perguntar: Mércia, o que você está fazendo com o seu tempo? O que é que você está fazendo com a sua vida?
Eu respeito a luta deles, eu diria, mas ela não entenderia. Até o meu médico, Dr. Henrique, me dirá: você não vai engravidar de novo se não parar **de advogar.** Seu **estado emocional perturba o metabolismo.**
Lutarei pelos filhos dos outros, mas... É o tal negócio. Numa certa tarde, **minha mãe me abraçará, chorando.**
Tenho medo de morrer, ela dirá.
Eu abraçarei minha mãe, bem forte. Ela é uma mulher **terna e acomodada, totalmente diferente de mim.** Minha mãe é bonança.

Eu, não. Eu sou outro negócio.
Cara A., já que deseja continuar comigo, quero te pedir uma coisa. Se não se importa, me chame de Tempestade e a gente diz assim mesmo: Lady Tempestade.

Ela escreve em algum lugar:
"Lady Tempestade."

11.

A.:
Lady Tempestade nasceu numa madrugada estranha de 1934, na cidade de Jaboatão dos Guararapes, Pernambuco, na véspera do Natal. Sua mãe passava pela estação ferroviária da Great Western bem na hora em que estourou um **conflito social com tiroteio e prisões**. Lady Tempestade chegou no meio desse bafafá. Por isso, se você encontrasse Lady Tempestade no dia 23 de dezembro ou numa estação de trem criada por capitalistas estrangeiros, notaria nela um tipo de tumulto. Notaria também que muito cedo na vida ensinaram Lady Tempestade a atirar. E que ela ganhou uma arma, mas a lançou no rio Capibaribe e gostou de ver que afundava. Que **seu avô era da escola dos coronéis** e seu pai, um homem **preconceituoso**, mas ela o amava mesmo assim. Que Lady Tempestade tinha vocação para o magistério, que queriam que ela fizesse medicina, mas ela prestou Direito porque não podia ver um corpo morto.
Que ironia, hein, Lady Tempestade?
Que ela descobriu que **as feras estão em toda parte,** mas também que era boa com inseticidas e repelentes.
Que, desde pequenininha, aquele tumulto era uma coisa, uma coisa aqui, uma pequena falésia...
Já a minha, a minha estava agora deste tamanho. [*mostra a falésia*]
Precisei marcar consultas. **Diagnósticos desencontrados.**
Nome, o secretário do médico disse.
Mércia, eu disse.
Márcia?
Mércia.

Mércia? O secretário juntou as sobrancelhas.
Não, desculpe, que confuso. Meu nome é A., desculpe. Ele juntou ainda mais as sobrancelhas e eu percebi como elas eram desorganizadas.
A.? Ele disse.
Sim, desculpe, fiz confusão. Ele me olhou, cheio de sobrancelhas.

Estranha pausa.

A.:
Pode entrar, senhora A., as sobrancelhas disseram.
O médico não tinha sobrancelhas.
Quando isso começou?
Na semana passada, naquela madrugada da tempestade.
Ah, sim. Estranhos clarões.
Sim.
Com licença, posso ouvir de novo?
Abri mais a camisa.
É como se.
Pode falar.
Som de Tempestade, ele disse. E fez uma estranha pausa.

Estranha pausa.

A.:
A senhora tem ingerido naftalina?
Por que eu comeria naftalina, doutor?

Faça estes exames, senhora Mércia, ele disse. Volte em alguns dias.
Saí de lá e guardei o pedido apenas para não duvidar de que ele tinha feito aquela receita em nome de Mércia. Começava a gostar desse nome como se fosse meu.

12.

M.:
17 de abril de 1973. Encontrei o Dr. Gafanhoto Número 12 na prisão de **Itamaracá.** [...] **Breve, dou-lhe um banho de inseticida** e naftalina. [...] **Nunca estendi a mão a ele porque tenho repulsa.**

Ela vai até a porta e fica observando pelo olho mágico. Volta.

M.:
26 de abril. Um rapaz que defendo **me pediu veneno para** tomar. Tem medo de ser assassinado na prisão. Tentei **ajudá-lo e** dei uma esperança e uma coragem que eu mesma não tinha.

Ela vai até a porta e fica observando pelo olho mágico. Volta.

M.:
2 de maio. Fui visitar um jovem estudante **condenado a dois anos porque** declamou **os versos de Castro Alves sobre a bandeira, diz a sentença.** Cara A., meu trabalho não se resume só à defesa dos presos. Sinto que **as minhas visitas levam um pouco de conforto aos presos** quando os familiares se afastam. Isso acontece, sabia?
Posso te contar uma coisa? Um dia, em 1974, eu encontrarei um rapaz na prisão, ele vai estar lá por causa do assalto das Casas Cias e do roubo de um carro. Uns 22 anos e já estará acabado, com um tiro na perna e todos os dedos quebrados. Sabe, A., isso

vai me assombrar sempre, escuta: eu passarei por ele e nós nos olharemos. Ele então sorrirá e eu farei um gesto sem pensar, não sei, eu farei um carinho no cabelo desse jovem e vou dar a ele o meu café e ele beberá com a minha ajuda porque suas mãos... Ele não vai dizer nada, só vai me agradecer com o olhar. É isto que eu queria te contar: quando ele me olhar, eu sentirei vergonha de ser pessoa.
Essas coisas acontecem aconteceram acontecerão.
Ou não.

Ela vai até a porta e fica observando pelo olho mágico. Volta.

M.:
Ainda sem respostas sobre o filho de Dona Rosália, os gafanhotos cada vez mais no meu cangote. **As casas dos amigos vasculhadas, meu filho ameaçado de morte e a polícia me seguindo, uma ciranda satânica.** Se alguma coisa me acontecer, cara A., você sabe. Mas não tenho medo de morrer, não é estranho?

Ela escreve em algum lugar:
"Em 1973, senti medo por Rosália."

13.

A.:
Quem está falando?
Pensei que você não fosse me atender, R. disse. Você está lendo o diário de Mércia, não está?
Você está me vigiando, R.?

Uma estranha pausa.

A.:
Eu queria te fazer um pedido, ele disse.
Pois não?
Não tente decifrar as partes rasuradas.
Por que não?
Porque não.
"Porque não" não é resposta.
Porque Mércia quis assim.

Uma estranha pausa.

A.:
Por que você ficou em silêncio? Ele disse.
Não sei, R.
Ok, ele disse.
Ok, eu disse, mas não conseguia desligar o telefone. Nem ele.
Fiquei ouvindo sua respiração e, bem longe, dava para ouvir...
Foi aí que eu percebi que R. devia morar diante do mar.

14.

M.:
Dona Rosália me perguntou **pelo filho, chorando. [...] Eu falei dos meus** medos [...]. **A velhinha me deu uma lição:**
Doutora, a senhora não pode fracassar, a senhora precisa se controlar para ajudar a gente.
Procurei o rapaz a tarde inteira e fiquei sabendo que **mais cinco pessoas estavam desaparecidas.**

Fui procurada pela mãe de Carlos Fernando. **Ela me abraçou chorando e perdeu os sentidos. [...] Cuidei dela e senti que estava a ponto de ter um colapso nervoso. [...] Chegou em minha casa, eram umas 23h40.** Dei a ela **leite quente** e a coloquei **para se deitar.** Carlos Fernando nunca foi político, é um compositor, **o único filho que cuida da mãe e do irmão. Os loucos em ascensão, a Gestapo renasce no Brasil.**

Comenta-se que foi morto [...] um camponês conhecido como Ventania. **[...] Ninguém vai** procurar por ele porque neste país **camponês não é gente, é coisa. [...] Ninguém vai protestar porque não é importante.**

Dona Marta, mãe de Leonardo, uma mulher equilibrada e firme, me procurou. Ela é de formação puramente burguesa, mas de uma dignidade rara.
Tenho lutado pelo meu filho, ela me disse, **mas tenho que soltar primeiro minha nora, por ser mulher, é muito sofrida.**

Ao fim da tarde, Dionary foi solta. [...] Foi espancada, tomou choque elétrico e foi ameaçada de morte.

Quer saber o que **os torturadores me diziam?** Dionary disse. **"Nós matamos a senhora e ninguém vai saber."**

Dona Joana me escreve, [...] acha que eu sei de Emmanuel, mas não sei se é vivo, se é morto [...]. Sinto uma depressão imensa por não poder informar, e mentir a uma mãe eu não minto, prefiro ficar em silêncio.

Dona Rosália me perguntou pelo filho.

Recebi o pai de Ramires, aflito com a notícia da morte do filho. [...] Estou partido, mas se ele voltasse a viver e quisesse trilhar o mesmo caminho, não o impediria, ele me disse. Apertei a mão dele. Ficamos em silêncio. **Abri a porta e o velho mergulhou na noite.**

Fui visitar os presos [...]. Levei um vatapá para todos e arroz. Depois de comer, eles cantaram.

Não me aguentei quando vi **Dona Maria [...]** abraçar o filho com força e dizer:

Ela escreve em algum lugar:
"Coragem, meu filho!"

M.:
A mãe **de Samuel me comoveu. É uma mulher extraordinária. Luta com bravura em defesa do filho. Como Dona Severina. Como Dona Pepé, mãe de Ivo. Dona Palmira, mãe de Roberto. Eleonor, mãe de Cândido.**

São muitas muitas muitas mães. Nunca sairá da minha retina o olhar suplicante de uma mãe que procura por um filho desaparecido.[2]

10 de maio de 1973. Chegou o telefonema que eu tanto temia.

Ela fica observando o telefone tocar, sem coragem de atender.

M.:
A pessoa não se identificou, eu reconheci a voz, fui a seu encontro, era um amigo.

O filho de Rosália está morto, o repórter vai dar a notícia. Ele disse.

Estranha pausa.

M.:
E os outros?
Todos estão mortos.

---

2. "Mas seu olhar suplicante de mãe jamais se apagará de minha retina." Dom Paulo Evaristo Arns, no livro *Brasil: nunca mais*, da Editora Vozes.

15.

M.:
Procurei Dona Rosália em casa, mas ela já tinha saído. [...]
Segui para o necrotério. [...] Dona Rosália chorava, médicos
e enfermeiras [...] me aconselharam a não entrar. Entrei. Uma
nuvem de moscas cobria os corpos deformados. [...]

Pausa.

M.:
Cara A., difícil continuar sobre o que eu vi — e não será a primeira vez nem a última. Verei pessoas mutiladas de **forma cruel, louca. Não é só um problema de violência. Porque uma pessoa, por mais raiva que tenha, não chega a uma** coisa assim.

Ela escreve em algum canto e rasura:
"~~DITADURA.~~"

16.

A.:
Eu tive vontade de fugir. Eu sairia correndo, ligaria para R. de madrugada e gritaria com ele.
Pois não, Lady Tempestade?
Não me chame assim! Não me ligue nunca mais! Por que você me mandou o diário de Mércia? Essas coisas aconteceram e acontecem e continuam acontecendo e ontem parece hoje e hoje é quase amanhã e a gente lê palavras riscadas e a gente chora e fica triste e diz que pena e vai dormir e não dorme e acorda e depois a gente esquece de novo e esquece mais um pouco e esquece quase tudo porque esquecer é muito bom, esquecer é ótimo. E vai dormir. E acorda. E as crianças? Cadê as crianças? E vai dormir de novo e não dorme e as crianças continuam a morrer.
Que pena, ah, que pena, tem alguém cuidando das crianças?
E fica triste e chora e diz que pena e esquece mais um pouco.
Que pena!
[*grito*] Ahhhhhhh!

Estranho silêncio.

A.:
Por que você me mandou o diário de Mércia, R.?

Estranho silêncio.

A.:
Cara A., eu não vou te procurar mais e será impossível me encontrar pois sumirei na noite do tempo, mas quero te dizer uma coisa. Às vezes, você recebe a história de alguém e se sente responsável por ela. E você aceita e isso basta e você faz o que tem de ser feito. É por isso que eu te mandei o diário.

Pausa.

A.:
E porque você estava acordada na madrugada em que eu te liguei.

17.

M.:
Cara A., não posso terminar o ano de 1973 sem o **resumo dos fatos** sobre **José Carlos,** líder estudantil de Belo Horizonte. Ele será preso em outubro por **elementos à paisana fortemente armados.** [...] **Após espancamento, será** [...] **assassinado** e sepultado [...] **com identidade desconhecida.** Em novembro, **serei procurada** pela família. **Começarei a luta pelo corpo. No dia 10, exumado.** O médico **se negará a assinar o atestado de óbito e a participar da exumação.** [...] **O caso será encaminhado ao** [...] **delegado do DOPS** [...]. **Voltarei** e conseguirei a liberação do corpo. **Sairei** [...] **para providenciar o caixão, quando estiver quase apanhando o ofício, a segurança mudará de ideia e negará o pedido. Voltarei a insistir.** Os gafanhotos colocarão **toda sorte de obstáculos.**
É uma pena que a senhora, tão jovem, defenda terroristas, um deles me dirá.
Posso me sentar? Eu direi.
Sim, ele dirá.
Escute, gafanhoto.
O que foi que a senhora disse?
Escute, senhor, **enterrar os mortos é um direito sagrado. Como o senhor sabe, até nas guerras os exércitos conseguem uma trégua, respeitando o inimigo e entregando os corpos para sepultamento.**
Ele me olhará com ódio.
Zé Carlos está morto e a família chora seu corpo. O exército brasileiro quer agora torturar a família pelo resto da vida?

Mércia leva um tapa na cara.

M.:
Se pudesse, o gafanhoto me mataria ali mesmo, mas o caso já estará nos jornais do mundo todo. Senhor, nós dois sabemos que ele foi enterrado no cemitério da Várzea.

Pausa.

M.:
Vou liberar o corpo, mas não quero aviso fúnebre nem imprensa, ele dirá.
O senhor sabe que um dia esta ditadura vai acabar, não sabe?
Que ditadura, minha senhora?
E quando ela acabar, nós nos encontraremos no tribunal.

Pausa.

M.:
Nessa época, sonharei que, ao ser retirado o corpo de Zé Carlos, veríamos os...

Estranha pausa.

M.:
Quando os trabalhos começarem, tomarei **um choque**. Será muito pior do que a imagem do meu sonho. Eu não vou falar disso, não.

Estranha pausa.

M.:
Os **restos de Zé Carlos viajarão pelo voo 125 da Cruzeiro do Sul com destino a Belo Horizonte.**

Ela escreve em algum lugar:

"Dona Pepé, até **quando vai durar essa chacina?** Depois de ler, queime este bilhete."

M.:
Minha querida A. (posso te chamar de querida? É sincero, eu juro), **poucos se lembram da advogada quando passa a tempestade**, mas, no futuro, poderei dizer que **levei a paz, devolvi filhos e pais, dei a alegria antes do Natal a cinco lares.** [...] Se alguém bate à minha porta e acredita que vai ser atendido, não mando embora [...],** mesmo que seja uma ilusão. **Sempre saem satisfeitos. E eu me arrebento.**

Estranha pausa.

M.:
A coisa cresce em você também? Imagino que sim. Posso ver?

A. mostra a falésia no corpo.

M.:
Amanhã termina **1973. Quantas coisas eu não tive tempo de fazer, quantas coisas não me deixaram fazer [...]. A vida é assim mesmo, [...]** vou seguir **tentando em 1974.** Querida A., você continuará comigo? Posso confiar em você, não posso?

A.:
Pode.

18.

F.:
Mãe?

A.:
O que está fazendo acordado, meu filho?

F.:
Lendo Mércia.

A.:
Vai dormir, meu filho.

F.:
Não consigo. Como Mércia sobreviverá a 1974?

A.:
Não sei, eu digo.

F.:
Muitas rasuras. Ele diz. Muito mais do que em 1973.

A.:
Eu sei. Eu digo.

F.:
Mãe, acho que entendi as rasuras.

ATO II

19.

M.:
Logo depois do caso de Zé Carlos, a represália não vai demorar.

M. vai até o olho mágico e observa pela porta.

M.:
Você não se esquece de nenhuma vez em que vai presa, mas algumas... Vou te contar uma coisa. Serei sequestrada de madrugada. Três da manhã. Me ameaçarão de morte e rodarão comigo até me jogarem do carro com tiros para o alto.
Puta! Eles dirão. Vagabunda! Puta! Vagabunda!
Me deixarão no Porto do Recife com os pulsos feridos.
Então
como em um pesadelo,
1974
começará.

20.

M.:
9 de janeiro de 1974.

Ela escreve em algum lugar:
" ~~[Isto aqui é uma página inteira riscada]~~*"*

M.:
10 de janeiro de 1974. Hoje comecei a me sentir mal, mas não devo ficar muito tempo doente.

11 de janeiro de 1974. Avistei o Dr. Gafanhoto Número 8. Lembra dele, querida A.? **Feio, horrível, uma unha encravada?** Ele me cumprimentou. Senti vontade de dar-lhe inseticida mais naftalina com café.
Aceita um café, Dr. Gafanhoto?
A senhora me chamou de quê?
Eu perguntei se o senhor aceita um café com naftalina e biscoitos de inseticida.
Não, obrigado.
Que pena.

24 de janeiro de 1974. Não sei se devo parar.

30 de janeiro de 1974. Os presos em Itamaracá **estão sendo assassinados, [...] comem "mel de furo" azedo, angu e peixe podre, feijão bichado e farinha mofada.** Decidi reclamar com o ilustríssimo Dr. Gafanhoto Número 14.
Minha senhora, **me dói mais a morte de um cavalo do que a de um preso político.**

O senhor **faz muito bem em defender a sua espécie, eu defendo a minha.**

Ela vai até o olho mágico e observa pela porta.

M.:
6 de fevereiro de 1974.
[Isto é parte de uma página riscada]

10 de fevereiro de 1974.
[Página riscada]

16 de fevereiro de 1974.
[Isto é um trecho ilegível]

18 de fevereiro de 1974.
[Isto é um Dia das Mães].

22 de fevereiro de 1974.
[Página inteira riscada]

15 de março de 1974. Hoje tomou posse Geisel. Vejamos o que tem a nos apresentar.

Dia 16 de março. Já vi muita desgraça praticada pela polícia, mas aquele da unha encravada **se revelou saltimbanco e acorda os presos às duas da manhã e, de cuecas em cima de um banco com uma chibata [...], espanca os presos despidos e algemados.**

17 de março. Hoje, passei mal — falta de ar, hemorragia nasal, um horror. O coração dispara, fico tonta e vomito muito. Não sei o que é, mas tenho tido isso **com frequência.**

06 de abril de 1974. Tudo cheira a morte e a cemitério, mortes, torturas. Tudo cheira mal.

Ela vai até o olho mágico e observa pela porta.

M.:
14 de abril.
[Página riscada]

15 de abril. Logo morrerei e não levarei angústias deste mundo mau.

18 de abril. Li uma carta corajosa do **Sobral Pinto ao ministro da Justiça. Uma carta corajosa, que poderá trazer consequências ao velho jurista, mas o importante é se manter digno e isso Sobral tem feito. Meus respeitos, minha homenagem ao advogado!**

Ela vai até o olho mágico e observa pela porta.

M.:
29 de abril.
[Página riscada]

15 de junho. Não tolero papo de **gente burra, mas** algumas pessoas abusam **do direito de ser imbecil.**

Querida A., em julho, **o camponês Chagas** começará **a tomar soro** e **uma cheia de proporções imensas** invadirá **Recife.** Me convidarão para **ingressar no Partido Comunista Brasileiro,** mas não aceitarei **o convite**. Verei **absolvidos Denisson e Flávio**.

Em agosto, eu estarei muito doente, com falta de ar e dores terríveis no estômago, insônia, mas, aos domingos, o **jornaleiro, um garoto de 12 anos**, ficará para **tomar o café da manhã comigo**. **Um dia, ele me trará** um peixe Beta.
Por que o presente? Eu direi.
A senhora anda triste e minha mãe de terreiro mandou. Vai trazer alegria, pois está preparado.
(Olha o tamanhozinho do peixe que vai me proteger.) Eu fingirei **acreditar no poder do peixe,** mas o que vou gostar mesmo é **da preocupação** do garoto comigo.

Essas coisas aconteceram acontecem acontecerão.

Em setembro, a casa da minha prima será **invadida por 20 homens** [...] alegando que ali funcionava **uma célula subversiva internacional**. O pânico se espalhará por **todo o Brasil. Dulce, filha de Leo, será presa** junto **com o velho e** [...] **torturada** e **despida na frente do pai para obrigá-lo a falar**.

Em outubro, **o pai e a mãe de Juáres** me trarão **uma galinha, ovos e jerimum**. Visitarei **Raimundo e Arthur**, levarei **bolo e coragem**.

1974 terminará. Eu conseguirei muitas absolvições e revogarei várias preventivas. Comprarei calções e outras coisas para enviar aos presos políticos mais necessitados.

Pausa.

M.:
Minha filha, toda noite eu vou lutar com o meu fracasso **para secar as lágrimas das mães, confortar as esposas e mentir às crianças.** Posso te contar uma última coisa? Às vezes, irei até o bairro de Casa Forte à uma da tarde para ver as crianças voltando da escola. E aí eu conseguirei imaginar um tipo de futuro e até falar no futuro como falo com você agora. Como é isso, o futuro, hein? Você nunca diz nada sobre você. Me conta alguma coisa?

21.

A.:
[*Diz a data da apresentação*]
Querida Mércia. Desde que ouvi o seu nome, escrevo este diário. O meu diário sobre o seu diário. Ou o diário do diário do diário do diário. Eu já tinha feito diários na juventude, mas. Escrevo para entender quem você foi, sua coragem, seu jeito de falar "minha filha", "minha cara", "é o tal negócio". Coisas que eu imaginei e outras que eu inventei. Não consegui me transformar na Lady Tempestade que eu inventei. Eu não tenho a sua coragem, eu não conseguiria. Não sou como você. Você escreveu coisas muito difíceis de ler. Quando eu fechava o seu diário, voltava para o teatro e bombas e tiros e coices de fuzil continuavam explodindo o coração do mundo lá fora. Então eu entendi até mesmo as rasuras.

Pausa.

A.:
Eu acho que as coisas respiram, como nós, como o seu diário.

Pausa.

A.:
Você perguntou sobre mim... Sabe, Mércia, eu acho que o coração do mundo não escreve com palavras. Que o coração do mundo nunca foi escrito com caneta e papel e sim com sedi-

mentos de rocha depositados até formar esta falésia que um dia vai despencar no mar.

Uma imensa falésia agora ocupa o corpo inteiro de A.

A.:
Que é por isso que o coração do mundo repousa no fundo do MAR, assim como as pessoas que finalmente descansarão se nós sempre nos lembrarmos delas.

Estranho silêncio.

A.:
Querida Lady Tempestade. Posso te contar um segredo? Depois que comecei este "diário do diário", outra coisa muito estranha passou a acontecer:
toda vez que escrevo a palavra MÃE,
aparece a palavra MAR.

Ela escreve em algum lugar:
"**MÃE**
MAR"

22.

F.:
Tudo bem, mãe?

A.:
Já amanheceu?

F.:
Ainda não.

A.:
Vai dormir, meu filho.

F.:
Vou te mostrar uma coisa.

F. toca uma canção composta de rasuras.

Cena final

A campainha soa em uma madrugada estranha do presente.

A.:
Era uma madrugada de tempestade quando ela tocou a campainha e esperou que eu a observasse pelo olho mágico. Ela sabia que eu sabia que ela sabia que eu estava ali e nós nos encaramos por um instante que durou mais ou menos uns cinquenta anos.

A imagem de Lady Tempestade vista pelo olho mágico.

A.:
Posso entrar? Ela disse.
Pois não. Eu disse.
Gostei da decoração, ela disse.
Obrigada, eu disse. Obrigada.
Não há de quê.
Mércia?
Pode me chamar de Lady Tempestade, eu gostei. Sempre gostei muito de teatro. O Teatro é gentil com os fantasmas.
Pois não. Lady Tempestade...? Eu queria perguntar tanta coisa, mas não consegui dizer nada.
Não tenho muito tempo, minha filha, já estamos no futuro e os gafanhotos ainda estão por aí.
Tenho medo de esquecer o seu rosto, eu disse.
Olhe bem para mim então, ela disse. Eu olhei e ela desapareceu na madrugada.

Estranho silêncio.

A.:
Anos depois, Lady Tempestade será vista nas ruas de Casa Forte à uma da tarde. A hora em que as crianças voltam da escola. Dessa vez, será um dia quente e aberto. Ela estará de pé na calçada quando tocar o sinal de fim de aula em algum lugar de Recife, o sol alto vai brilhar bem forte nos seus olhos e ela se sentirá viva.

Algazarra. Crianças atravessam as ruas do país à uma da tarde.

FIM

Fontes de pesquisa

Albuquerque Ferreira, Mércia. *Diários 1973-1974. Escritos por Mércia Albuquerque Ferreira, maior advogada de presos políticos do Nordeste.* Editora Potiguariana, 2023.[3]

Entrevistas realizadas pela autora com Roberto Monte, um dos editores do site dhnet.org.br e do livro *Diários 1973-1974. Escritos por Mércia Albuquerque Ferreira, maior advogada de presos políticos do Nordeste.* Editora Potiguariana, 2023.

Site dhnet.org.br (http://www.dhnet.org.br/memoria/mercia/imprensa/entrevista3_jc300189.html).

Entrevistas realizadas pela autora com Eliane Aquino, jornalista e prima de Mércia Albuquerque.

Discurso de Mércia Albuquerque escrito por ocasião da homenagem recebida dos vereadores de Recife, no ano de 2001.

---

3. Os textos extraídos dos diários de Mércia Albuquerque Ferreira publicados pela Editora Potiguariana foram autorizados pelo CENARTE – Centro de Estudos, Pesquisa e Ação Social / DHnet Rede Direitos Humanos e Cultura (www.dhnet.org.br).

Lima, Samarone. *Zé – José Carlos Novais da Mata Machado. Uma reportagem*. Mazza Edições, 1998.

Entrevista realizada pela autora com o jornalista e escritor Samarone Lima e áudios de arquivo gravados por ele com Mércia Albuquerque no ano de 1993.

Bezerra, Gregório. *Memórias*. Boitempo Editorial, 2011.

Domingues da Silva, Angela Moreira. "Ditadura militar e resistência legal: as memórias de Mércia Albuquerque através do seu diário (1973)". *Revista Mosaico*, 2009.

Brito, Tásso Araújo de. "Memória e história da advogada Mércia Albuquerque e seu cliente Gregório Bezerra em tempos de ditadura". *Revista História e Cultura*, 2020.

Brito, Tásso Araújo de. "A Toga e a Espada: Mércia Albuquerque e Gregório Bezerra na Justiça Militar (1964-1969)" (dissertação), Universidade Federal de Pernambuco, 2015.

Os advogados contra a ditadura: por uma questão de justiça. Direção: Silvio Tendler, 2013.

Os advogados e a ditadura de 1964. A defesa dos perseguidos políticos no Brasil. Fernando Sá, Oswaldo Munteal e Paulo Ermínio Martins (orgs.). Editora PUC-Rio/Editora Vozes, 2010.

Arns, Dom Paulo Evaristo. *Brasil: nunca mais*. Editora Vozes, 2014.

CIP-BRASIL. CATALOGAÇÃO NA PUBLICAÇÃO
SINDICATO NACIONAL DOS EDITORES DE LIVROS, RJ

G619L

Gomez, Sílvia, 1977-

Lady tempestade / Sílvia Gomez. - 1. ed. - Rio de Janeiro : Cobogó, 2025.

96 p. ; 19 cm. (Dramaturgia)

ISBN 978-65-5691-159-5

1. Teatro brasileiro. I. Título. II. Série.

24-95509   CDD: 869.2
            CDU: 82-2(81)

Gabriela Faray Ferreira Lopes - Bibliotecária - CRB-7/6643

© Editora de Livros Cobogó, 2025

Editora-chefe
Isabel Diegues

Editora
Julia Barbosa

Coordenação de produção
Melina Bial

Assistente de produção
Priscilla Kern

Revisão final
Eduardo Carneiro

Projeto gráfico de miolo e diagramação
Mari Taboada

Capa
Fabio Arruda e Rodrigo Bleque – Cubículo

A opinião dos autores deste livro não reflete necessariamente a opinião da Editora Cobogó.

Nenhuma parte desta obra pode ser reproduzida, adaptada, encenada, registrada em imagem e/ou som, ou transmitida de nenhuma forma ou por nenhum meio, sem a permissão expressa e por escrito da Editora Cobogó.

Todos os direitos reservados à
Editora de Livros Cobogó Ltda.
Rua Gen. Dionísio, 53, Humaitá
Rio de Janeiro – RJ – Brasil – 22271-050
www.cobogo.com.br

COLEÇÃO DRAMATURGIA

ALGUÉM ACABA DE MORRER LÁ FORA, de Jô Bilac

NINGUÉM FALOU QUE SERIA FÁCIL, de Felipe Rocha

TRABALHOS DE AMORES QUASE PERDIDOS, de Pedro Brício

NEM UM DIA SE PASSA SEM NOTÍCIAS SUAS, de Daniela Pereira de Carvalho

OS ESTONIANOS, de Julia Spadaccini

PONTO DE FUGA, de Rodrigo Nogueira

POR ELISE, de Grace Passô

MARCHA PARA ZENTURO, de Grace Passô

AMORES SURDOS, de Grace Passô

CONGRESSO INTERNACIONAL DO MEDO, de Grace Passô

A PRIMEIRA VISTA | IN ON IT, de Daniel MacIvor

INCÊNDIOS, de Wajdi Mouawad

CINE MONSTRO, de Daniel MacIvor

CONSELHO DE CLASSE, de Jô Bilac

CARA DE CAVALO, de Pedro Kosovski

GARRAS CURVAS E UM CANTO SEDUTOR, de Daniele Avila Small

OS MAMUTES, de Jô Bilac

INFÂNCIA, TIROS E PLUMAS, de Jô Bilac

NEM MESMO TODO O OCEANO, adaptação de Inez Viana do romance de Alcione Araújo

NÔMADES, de Marcio Abreu e Patrick Pessoa

CARANGUEJO OVERDRIVE, de Pedro Kosovski

BR-TRANS, de Silvero Pereira

KRUM, de Hanoch Levin

MARÉ/PROJETO BRASIL, de Marcio Abreu

AS PALAVRAS E AS COISAS, de Pedro Brício

MATA TEU PAI, de Grace Passô

ÃRRÃ, de Vinicius Calderoni

JANIS, de Diogo Liberano

NÃO NEM NADA, de Vinicius Calderoni

CHORUME, de Vinicius Calderoni

GUANABARA CANIBAL, de Pedro Kosovski

TOM NA FAZENDA, de Michel Marc Bouchard

OS ARQUEÓLOGOS, de Vinicius Calderoni

ESCUTA!, de Francisco Ohana

ROSE, de Cecilia Ripoll

O ENIGMA DO BOM DIA,
de Olga Almeida

A ÚLTIMA PEÇA, de Inez Viana

BURAQUINHOS OU O VENTO
É INIMIGO DO PICUMÃ,
de Jhonny Salaberg

PASSARINHO,
de Ana Kutner

INSETOS, de Jô Bilac

A TROPA,
de Gustavo Pinheiro

A GARAGEM,
de Felipe Haiut

SILÊNCIO.DOC,
de Marcelo Varzea

PRETO, de Grace Passô,
Marcio Abreu e Nadja Naira

MARTA, ROSA E JOÃO,
de Malu Galli

MATO CHEIO, de Carcaça
de Poéticas Negras

YELLOW BASTARD,
de Diogo Liberano

SINFONIA SONHO,
de Diogo Liberano

SÓ PERCEBO QUE ESTOU
CORRENDO QUANDO VEJO QUE
ESTOU CAINDO, de Lane Lopes

SAIA, de Marcéli Torquato

DESCULPE O TRANSTORNO,
de Jonatan Magella

TUKANKÁTON + O TERCEIRO
SINAL, de Otávio Frias Filho

SUELEN NARA IAN,
de Luisa Arraes

SÍSIFO, de Gregorio Duvivier
e Vinicius Calderoni

HOJE NÃO SAIO DAQUI,
de Cia Marginal e Jô Bilac

PARTO PAVILHÃO,
de Jhonny Salaberg

A MULHER ARRASTADA,
de Diones Camargo

CÉREBRO_CORAÇÃO,
de Mariana Lima

O DEBATE, de Guel Arraes
e Jorge Furtado

BICHOS DANÇANTES,
de Alex Neoral

A ÁRVORE, de Sílvia Gomez

CÃO GELADO, de Filipe Isensee

PRA ONDE QUER QUE EU
VÁ SERÁ EXÍLIO,
de Suzana Velasco

DAS DORES,
de Marcos Bassini

VOZES FEMININAS — NÃO EU,
PASSOS, CADÊNCIA,
de Samuel Beckett

PLAY BECKETT — UMA PANTOMIMA
E TRÊS DRAMATÍCULOS (ATO SEM
PALAVRAS II | COMÉDIA/PLAY |
CATÁSTROFE | IMPROVISO DE OHIO),
de Samuel Beckett

MACACOS — MONÓLOGO
EM 9 EPISÓDIOS E 1 ATO,
de Clayton Nascimento

A LISTA,
de Gustavo Pinheiro

SEM PALAVRAS,
de Marcio Abreu

CRUCIAL DOIS UM,
de Paulo Scott

MUSEU NACIONAL
[TODAS AS VOZES DO FOGO],
de Vinicius Calderoni

KING KONG FRAN
de Rafaela Azevedo e Pedro Brício

PARTIDA, de Inez Viana

AS LÁGRIMAS AMARGAS
DE PETRA VON KANT,
de Rainer Werner Fassbinder

AZIRA'I — UM MUSICAL DE
MEMÓRIAS, de Zahỳ Tentehar
e Duda Rios

SELVAGEM,
de Felipe Haiut

DOIS DE NÓS,
de Gustavo Pinheiro

UM JARDIM PARA TCHEKHOV,
de Pedro Brício

SETE MINUTOS,
de Antonio Fagundes

COLEÇÃO DRAMATURGIA ESPANHOLA

A PAZ PERPÉTUA, de Juan Mayorga |
Tradução Aderbal Freire-Filho

ATRA BÍLIS, de Laila Ripoll |
Tradução Hugo Rodas

CACHORRO MORTO NA LAVANDERIA:
OS FORTES, de Angélica Liddell |
Tradução Beatriz Sayad

CLIFF (PRECIPÍCIO), de José Alberto
Conejero | Tradução Fernando
Yamamoto

DENTRO DA TERRA, de Paco Bezerra |
Tradução Roberto Alvim

MÜNCHAUSEN, de Lucía Vilanova |
Tradução Pedro Brício

NN12, de Gracia Morales |
Tradução Gilberto Gawronski

O PRINCÍPIO DE ARQUIMEDES,
de Josep Maria Miró i Coromina |
Tradução Luís Artur Nunes

OS CORPOS PERDIDOS, de José Manuel
Mora | Tradução Cibele Forjaz

APRÈS MOI, LE DÉLUGE (DEPOIS DE
MIM, O DILÚVIO), de Lluïsa Cunillé |
Tradução Marcio Meirelles

COLEÇÃO DRAMATURGIA FRANCESA

É A VIDA, de Mohamed El Khatib | Tradução Gabriel F.

FIZ BEM?, de Pauline Sales | Tradução Pedro Kosovski

ONDE E QUANDO NÓS MORREMOS, de Riad Gahmi | Tradução Grupo Carmin

PULVERIZADOS, de Alexandra Badea | Tradução Marcio Abreu

EU CARREGUEI MEU PAI SOBRE MEUS OMBROS, de Fabrice Melquiot | Tradução Alexandre Dal Farra

HOMENS QUE CAEM, de Marion Aubert | Tradução Renato Forin Jr.

PUNHOS, de Pauline Peyrade | Tradução Grace Passô

QUEIMADURAS, de Hubert Colas | Tradução Jezebel De Carli

COLEÇÃO DRAMATURGIA HOLANDESA

EU NÃO VOU FAZER MEDEIA, de Magne van den Berg | Tradução Jonathan Andrade

RESSACA DE PALAVRAS, de Frank Siera | Tradução Cris Larin

PLANETA TUDO, de Esther Gerritsen | Tradução Ivam Cabral e Rodolfo García Vázquez

NO CANAL À ESQUERDA, de Alex van Warmerdam | Tradução Giovana Soar

A NAÇÃO — UMA PEÇA EM SEIS EPISÓDIOS, de Eric de Vroedt | Tradução Newton Moreno

2025
_____

1ª impressão

Este livro foi composto em Calluna.
Impresso pela IMOS Gráfica e Editora,
sobre papel Pólen Natural 80 g/m².